LE

DROIT DE GUERRE

DEVANT LE CONGRÈS DE BERNE

PAR

E. St-B. MUSSET

PARIS
IMPRIMERIE ET LIBRAIRIE CENTRALES DES CHEMINS DE FER
IMPRIMERIE CHAIX
SOCIÉTÉ ANONYME AU CAPITAL DE CINQ MILLIONS
Rue Bergère, 20
1892

DU MÊME AUTEUR

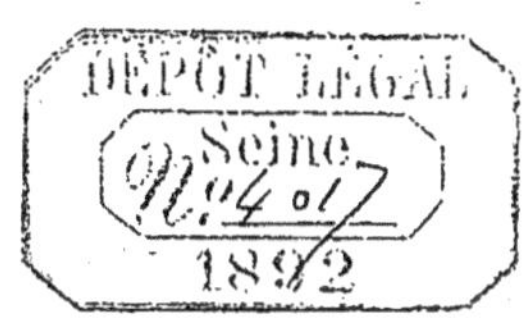

RÉPLIQUE

AUX PROPOSITIONS DU PHILOSOPHE DESTREM

Devant le Congrès de Berne.

Il y a cette parité entre le philosophe Destrem et M. Crispi, c'est que l'un et l'autre opposent la surdité à qui les contredit.

La Presse française démontre-t-elle à M. Crispi que telle de ses assertions contre la France est une calomnie, il se retranche dans d'autres fausses imputations, il a un chapelet interminable, ses journaux, de calembredaines, et il vous démontre, sous la dictée de son maître, l'ex-chancelier, comment la France, qui est pacifique, n'est pas pacifique; comment, amie de l'Italie, elle est son ennemie.

En 1867, François-Joseph, empereur d'Autriche, et Napoléon III, à leur sortie d'un banquet à l'Hôtel de Ville de Paris, étaient accueillis par ces cris de la foule : Vive l'Italie! vive Garibaldi!

Mais aucun esprit sérieux, en France ni en Europe, ne discute aujourd'hui avec M. Crispi, simple agent de discorde. Cet astre n'éblouit qu'au désert.

M. Destrem n'a pas perdu l'attention, moins encore l'estime publique, et la *perpétuité,* si elle est absente de la paix qu'il prêche, serait bien plutôt dans le respect qu'il inspire; les comités, dont il est l'organe, lui sont un piédestal où il pose, non sa personne, mais sa conscience; mais il me semble que notre ami Destrem ferme un peu trop l'oreille à toute critique. L'objection, quelle qu'elle soit, ne le déconcerte jamais, il ne l'entend pas. Le cou percé de *banderillas*, n'irait-il pas, souriant, sur son chemin?

*
* *

M. Destrem nous répète, pour la dixième fois, dans l'*Epoque*, 21 juin, qu'Henri IV préluda à la paix perpétuelle, sous la forme d'une fédération de seize Etats européens. J'ai déjà répondu à M. Destrem, en me couvrant des témoignages de MM. Guizot et Albert Sorel, que le *grand dessein*, — est-il d'Henri IV? est-il de Sully? — n'a été qu'une conception monarchique d'agrandissement et de suprématie de la France.

Grand dessein d'ambition, nullement pacifique.

M. Destrem propose au prochain Congrès de Berne la paix perpétuelle et une universalité fédérative d'Etats unis.

Ainsi, nous de la France, qui sommes la cible de milliers de bouches de feu, béantes sur nos frontières, nous nous occuperions de nous confédérer avec Bénarès, plus antique que Rome, plus antique qu'Athènes, plus orgueilleuse que Paris, mais dont les milliers de siècles sommeillent dans la superstition, ont enfanté des forêts pour poèmes et des cultes comme le culte des singes, mariés cérémonieusement, avec la pompe nuptiale de nos comtes et comtesses!

Quelle philosophie! quel amour du genre humain! et comme cet amour nous garde! mais n'est-ce-pas la philosophie d'une femme qui, pendant qu'elle lit son roman, abandonne au feu sa cuisine?

Je ne veux pas chagriner notre ami Destrem et je n'enlèverai pas à ses descendants l'honneur d'accompagner les singes à la chapelle; mais le temps est-il venu de penser à pavoiser nos rues au passage de tels sacrements?

On établit, non sans peine, l'unité d'origine des anciens Égyptiens et de l'Éthiopie. Serait-il plus difficile de montrer la relation de parité entre les libéraux à qui, récemment, dans le *Journal des Débats*, M. de Vogüé reprochait — avec quelle justice? — d'avoir, pour affaiblir l'Empire, désarmé la Patrie! et les libéraux de ce jour qui, s'inspirant des doctrines de M. Destrem, s'énervent, et nous énervent, en poursuivant la paix sublunaire, au lieu de la paix progressive et rationnelle, statique, conforme au cours et aux maturités de l'histoire?

Il y a déjà quelques années, pendant que M. Gaillard (de Vaucluse) revenait de Milan, sa belle et honnête parole éloquente n'y était pas encore refroidie, je lui demandai, 18 janvier 1889, dans un autre journal de notre ami Raqueni : (Avez-vous plaidé, à Milan, la cause du droit de paix et de guerre aux nations? Cette question, qui est d'ordre intérieur, précède et prépare la question de paix internationale que vous avez discutée.)

Que de fois ai-je soumis à M. Destrem la même observation!

Mais Destrem, si on l'interroge, ou il ne paraît pas entendre ou il n'est pas encore de retour du Gange.

*
* *

Insistons sur cette question préliminaire du droit de guerre et de paix; il le faut bien.

Il est su de tous que Napoléon III, grand général, comme on sait, empereur d'une nation à traditions militaires, souverain du droit de guerre et de paix, inquiéta par son absolutisme même, par son impérialiste avénement, l'Europe entière et provoqua l'armement chez nos voisins. Le soulèvement de la Prusse, aux jours de Magenta et de Solferino, ne fut qu'une suite de ce premier mouvement.

C'est ce droit de guerre en de telles mains qui tint en éveil, effaroucha la sauvegarde en Europe, causa presque tous les conflits de 1851 à 1870 et il eut pour fin l'écrasement de la France.

La Constitution de 1852 arma l'Europe, comme la Triple Alliance l'a armée de nos jours.

*
* *

Napoléon III, empereur et Triple Alliance, c'est le même fait avec les mêmes périls et les mêmes désastres; c'est toujours le droit de guerre arbitraire, le carnassier féroce menaçant l'Europe, naguère d'en deçà du Rhin et aujourd'hui d'au delà du Rhin et d'au delà des Alpes; et voyez les similitudes.

Qui parla plus de paix et avec plus d'hypocrisie que Napoléon III? et qui aujourd'hui plus que la Triple Alliance grossit la voix dans le chant pacifique?

On nomme les trois femmes qui ourdirent les premiers fils de la Triple Alliance; notre histoire nomme la femme qui, aux Tuileries ou à Saint-Cloud, voulut la guerre du Mexique, recruta la légion d'Antibes, voulut Mentana, voulut la guerre à l'Allemagne.

Et entendez parler le droit absolutiste de guerre des deux côtés du Rhin : Napoléon III, en 1868, à Châlons, tient ce langage à ses soldats : (l'histoire de nos guerres, c'est l'histoire de la civilisation. L'esprit militaire, c'est le triomphe des nobles passions sur les passions vulgaires. Restez les dignes fils de la *Grande Nation.*)

Et l'on se souvient de ce *rocher* dont dispose Guillaume II et qu'il a menacé de rouler sur nos corps du haut du trône de Dieu, son père. — M. Firmin reconnaît chez l'Allemand « un amour excessif de l'autorité et la déification de la force, floraison spéciale à son esprit national et le but invariable de ses aspirations », et on peut dire que l'unité allemande, sous son mode de constitution, résulte plus d'une prépotence, d'une victoire de l'élément féodal intérieur sur l'élément latin de ce grand pays que des victoires de Sadowa et de Sedan.

Et, enfin, le droit absolutiste de Napoléon III et le droit absolutiste de la Triple Alliance n'ont-ils pas leur origine dans le plus violent attentat, le premier sur la liberté française, le second par la Prusse sur l'indépendance germaine?

*
* *

Le droit absolutiste de guerre déclare avec cynisme assurer la paix, garantir la frontière, protéger les nations. Il ment. Il est un provocateur à l'armement de tous, à la guerre, il est un destructeur, il est cette superstition de la Mecque cholérique qui ravage au loin, fait des cadavres.

N'est-ce pas le droit césarien qui, sous le nom républicain de *Consul*, dès le matin même de sa résurrection en France, rétablit, le 20 mai 1802, la traite des noirs? allécha de la chair africaine de Saint-Domingue des chiens féroces, transportés par cargaisons de la Havane? Et ce même droit césarien n'appliqua-t-il pas la *torture* dans le scélérat procès au général Moreau? Et n'est-ce pas encore le droit césarien, ce pacificateur onctueux, qui, hier encore, de l'Italie comme de l'Allemagne, offrait le déshonneur à la loyale Suisse? offrait de lui payer, en monnaie de France, une souillure de ces montagnes, où, comme à une Sparte des Alpes, l'Europe, chaque année, vient réapprendre un programme de l'indépendance, que dicte la nature, en même temps que les institutions helvétiques? Et qui, en 1870, lança, l'un contre l'autre, comme des chiens, deux peuples, unis par tant d'affinités?

M. Thiers était dévoué à la paix et à la frontière plus qu'aucun César. Lisez son discours, au Parlement de 1869, où il démontre que, dans les gouvernements libres, il n'appartient qu'au pays de prononcer sur la paix ou la guerre, que tel est l'intérêt le plus essentiel de son existence nationale.

Les comploteurs hypocrites de la Triple Alliance disent: (la France menace le repos européen), et la France, au contraire, avec sa constitution libérale, sa possession d'elle-même, plus encore qu'avec ses Expositions et sa loyauté de parole, garantit, sur notre continent, la paix et elle en présente à l'Europe la formule et la condition.

Le *Secolo* signalait, il y a quelques jours, un italien journaliste, ex-républicain, qui proposait, pour plateforme aux élections italiennes, la guerre à la France. Cet ex-républicain respire la constitution quirinale, et il a parlé, non en citoyen d'un pays libre, mais en esclave de Constantinople.

*
* *

L'abolition du droit de guerre et de paix entre des mains omnipotentes — décret du 22 mai 1790, — elle a été votée au Congrès de la paix à Rome, de 1891. Ce vote a répété le vote du Comité de la paix, à Paris, de 1867; il a répété le vote du Congrès de Genève qui suivit. Il est une affirmation, un article du Décalogue de la conscience moderne, surtout latine. M. James Fazy objecta au Congrès de Genève : (Que ce soit César ou la nation qui dispose du droit de guerre, c'est toujours une épée de Damoclès, retenue par un crin de cheval au-dessus des nations.) Mais qu'en savait M. Fazy? Nous appelons l'expérience et d'abord l'expérience latine. La Suisse, fut-elle souvent incitée par son indépendance constitutionnelle à inquiéter ses voisins?

*
* *

Le vote du Congrès de Rome de 1891, fut, en son indéfinie généralité, fondamental, c'est bien! je l'eusse émis spécial et plus politique, et réclamez donc le droit de guerre ou de paix aux nations, surtout chez les démocraties et pour les démocraties qui sont capables de le prendre. Abolissez ce droit absolutiste, mais sans prétendre en délivrer la terre entière. Est-ce que l'Irlande ne suffit pas à M. Gladstone qui, pourtant, ne passe pas pour avoir les ailes courtes?

Garibaldi, au Congrès de la paix de Genève, ne s'égara pas chez les marchands d'optique de la ville, il dit : (Notre devoir est de l'abattre, la Papauté temporelle : nous l'abattrons. Je vous recommande la concorde.)

Grand exemple d'un homme que l'intérêt du temps occupe et qui ne s'en va pas, avec des yeux d'astronome, explorer l'univers.

*
* *

Je comprends notre ami et savant A. Firmin (1), dans son beau livre sur les races, si étincelant de savoir, de logique, de justice et de poésie, embrassant tout l'homme; je comprends l'éminent physiologiste C. Richet niant, à notre banquet de l'Alouette, toute différence notable entre l'Anglais et les autres hommes, ne refusant à aucun l'hospitalité curieuse de l'École; je comprends la religion, la philosophie, l'ode planant sur tous nos êtres; je conçois notre plus célèbre et plus humain économiste, M. F. Passy, entraîné, par dessus des solutions préalables qu'il néglige, vers la paix dans toutes les relations humaines, par les lois économiques dont il est le plus éloquent interprète et qui ont la paix en tous pays pour condition et pour motrice; je conçois encore le socialisme, borné au manger et au boire, tendant à unir sur la planète, sous l'empire des besoins identiques, tous les corps humains; mais je n'admettrai jamais — et il s'agit ici uniquement de Patrie et des nations Greco-Latines qui la fondèrent, — je n'admettrai jamais que des Latins

(1) M. Firmin, nègre, originaire et ancien ministre de Haïti, démontre dans cet ouvrage l'égalité des races humaines. Il y a longtemps que, pour nous, raisins blancs et raisins noirs sont des raisins et des raisins égaux. Soit les uns, soit les autres, soit les deux, sous l'action de tel milieu finissent en verjus. Quant au vignoble noir de Haïti, il est excellent. — Notre ami A. G. Foley, ancien élève de l'Ecole polytechnique, ex-officier de marine, médecin, disciple éminent, l'un des exécuteurs testamentaires d'Auguste Comte, a admirablement expliqué la formation et les attributs, l'apport de chacune des variétés de l'homme. — Si on ne recule pas devant le dégoût, qu'on lise les arguments grossiers dont Bonaparte, consul, fit soutenir, devant le Corps législatif, son projet de rétablissement de la traite des nègres. Nous ne vérifions pas si M. Thiers a mis en relief ce trait de la *sagesse* consulaire.

volés, rongés par le Saxon et par l'Allemand, errent, dans l'espace, à la suite du naturaliste, du religieux, du philosophe, des nourriciers, économistes ou socialistes, de l'espèce humaine, posent au plus petit coin d'un tableau de la paix, dans la pénombre, ou dispersent, noient dans des compositions *a priori* et préconçues de sociabilité et de paix universelles, nos traditions, nos patries, la patrie commune, nos alliances nécesaires.

Rome fut-elle donc folle de se défendre, de défendre son théâtre national contre les avalanches de la barbarie, sur le Rhin et sur le Danube?

Nous nous lasserions aux exercices de la controverse sans résultats, utiles autant que ceux de l'escarpolette! et il n'est pas de jours où les journaux ne constatent l'insolence et la rapacité anglaises. Il y a, à peine, une semaine, sir Euan Smith piaffait au Maroc comme sur un sable de manège. On ne dit pas qu'il ait dansé devant le palais impérial, pour salir le sultan de poussière. Et les massacres de l'Ouganda? et la conduite coquine des agents de la Compagnie du Niger envers M. Mizon? et les canons braqués sur le Portugal? et la détention déloyale de l'Égypte, ce grand couloir de l'Afrique vers l'Europe ce vénérable berceau de nos civilisations? et la Méditerranée que l'Angleterre domine comme un canal de Saint-Georges, à la grande satisfaction du Gouvernement italien, rassuré par le nombre des vaisseaux anglais sur sa quantité d'eau méditerranéenne? Montesquieu écrivait, 1746, à un ami : « L'Angleterre est une ennemie avec laquelle il ne faut avoir de commerce qu'à coups de canons ». Non, non. Tous, en France, nous pensons que depuis Montesquieu, le sang des hommes a assez coulé, même le sang des Anglais! il est pénible d'avouer qu'il a coulé dans la proportion du volume d'humanité, parlée ou écrite pour notre bonheur. Mais les Anglais n'ont cessé de mener, sans frein, la campagne carthaginoise. Ils brisèrent la domination de l'épée napoléonienne, en lui substituant la domination de l'argent britannique. Les Anglais discutent avec nous, dans des congrès, — complaisamment et courtoisement, — des propositions d'arbitrage permanent, d'États-Unis européens, de paix universelle et ils se pâment de joie de nous voir suivre des deux yeux ces ballons de fée. Ils seraient moins heureux, moins attendris et plus méditatifs, s'ils nous voyaient occupés à organiser l'Union latine, par laquelle nous espérons les modérer et les moraliser, un jour et, avec eux, tempérer ces doctrines animales implacables de Darwin, leur glorieux compatriote, qui sont devenues la Bible de l'Angleterre, comme elles sont devenues, presque à la même heure, la Bible de l'Allemagne.

Quand on réfléchit que Saxons et Allemands, ces Maures de la religion de la force, zélateurs du Coran de la sélection sanglante, plus impitoyable que l'ancien, s'avancent en Afrique, s'y étendent en les plus vastes possessions, on trouve en soi cette pitié que ressentait Montesquieu, et qui me faisait écrire à M. Firmin, l'éloquent écrivain de la rédemption nigritienne : « Vous êtes avocat: moi, aussi. Formons, à Paris, sous votre bâtonnât, un Barreau de protection des indigènes noirs d'Afrique. Appelons les grands talents généreux et, devant ces épées et ces comptoirs anglais, allemands et autres, dressons une tribune de la miséricorde et de la justice. »

Une tribune plus haute et plus efficace en faveur

du continent noir, elle serait dans l'Union helleno-latine. Unissons-nous donc, les Latins; mais d'abord, écartons toutes balançoires, et avec elles, ce socialisme d'outre-Rhin, une appétence, en fermentation, des terres latines; une rivière qui, comme aux vieux siècles et comme en 1870, prendrait pour lits nos vallées.

* * *

1848, avec ses bouillons de métaphysique humanitaire, nous livra à Louis Bonaparte, très net, très circonscrit, très résolu dans sa fourbe de conspirateur; et Napoléon III, songeur à son tour, toujours flottant en quelque grand dessein d'Europe, creusant sa route dans un perpétuel carrefour, s'envolant, sans plus avancer, en Asie, en Amérique, à la rencontre d'aigles de son imagination, rêvasseur de force et ne réalisant que l'attitude, efféminé, incapable, malade contagieux, bon comédien, comédien même à Sedan, avec une troupe haïtienne de fonctionnaires et de ministres à broderie et à épée, monde quêteur et impertinent, bigarré des antécédents d'opinions les plus contraires, qui a revécu en 1871, sous un exemplaire célèbre, *la Commune*, tous comédiens, inférieurs au maître, Napoléon III, le songeur, finit par nous livrer à la main sèche et au matérialisme calculateur de la Prusse.

Et je redirai à l'honnête Destrem et à tous ces nobles amis, tous, plus ou moins, chevaliers du globe: Rêvez moins de festons pour le monde, n'expédiez pas, tout le jour, vos pots de fleurs aux contrées hyperboréennes. Reconnaissez d'abord, ralliez nos parentés co-nationales. Vous savez quelles elles sont. M. F. Passy racontant l'accueil de Rome, de Naples aux Congressistes français de 1891, a lui-même, écrit dans l'album l'Italie; et, pour ce ralliement nécessaire, commencez par abattre chez nous-mêmes, Latins, le droit césarien, reliquat féodal des vieux despotismes, inconciliable avec le droit de raison, le droit de parole, le droit de justice, le droit de travail et de vivre, qui fleurissent sur tous nos sillons, inconciliable avec le droit de la femme sur l'enfant, de la patrie sur le citoyen, avec le droit de la nation de confluer sur les pentes où l'attirent ses intérêts, ses traditions et son cœur et, enfin, avec le droit, plus éloigné, des nations de confluer, toutes ensemble, sur les larges pentes où, selon une belle pensée citée par M. A. Firmin, tous les hommes seront l'homme.

***

C'est dans ce ralliement qu'est la paix, parce qu'en lui est la force. M. J. Simon disait, à la tribune, sous l'Empire : (Une bonne cause à défendre, celle de la justice et de la liberté, rendra notre armée invincible.) Mais n'est-ce pas le *sauve qui peut?* Les grandes aïeules, Athènes et Rome; les deux filles héroïques, Madrid et Paris, unies, quelle civilisation! c'est le droit géant et en marche.

Chateaubriand, ce grand tireur d'horoscopes, a écrit : (Il n'est qu'une monarchie, celle de la France; le destin des autres monarchies est lié au sort de celle-là.) Parodions cette phrase : il n'est en Europe, qu'une civilisation, l'helleno-latine; la fortune des autres civilisations est liée au sort de celle-là.

Et voilà la justice, la paix mondiales! voilà, par l'autorité d'un colossal exemple, le droit césarien de guerre chancelant, abattu en toute l'Europe, c'est la conciliation humaine. C'est l'incorporation à la civilisation supérieure, selon le droit et selon le cœur, de cette population noire africaine aussi intelligente et plus affective que nous, à qui nos barbaries ont acquis une priorité de rang dans la justice humaine comme dans le rachat de nous-mêmes par le repentir, trahie par la science elle-même, si souvent différente de la vérité, par les savants de l'Amérique du Nord (Sud) et même par les savants anthropologistes de Paris, aveuglés de crânes qui avaient peut-être tressailli aux aurores de 1789.

Apportons à l'année 1900 le grand fait de la sociabilité helleno-latine ralliée, concentrant et ordonnant, non une race, ni latine ni blanche, mais un développement intellectuel et social le plus avancé; organe puissant, unique des révélations et des lois positives de la Révolution française, s'occupant, enfin, des réalités, selon son esprit, sans charlatanerie ni maraude.

***

On objecte: ce ralliement est rendu irréalisable par la Triple Alliance : « Je réponds que Russie et France, Paris et Toulouse, Milan et Palerme, ont été plus séparés que l'Italie ne l'est aujourd'hui de la France, que l'histoire dans son cours est souveraine, qu'en elle sont invincibles les lois, non les accidents, surtout, lorsque ces accidents sont des *folies*, selon l'expression de Gladstone; que les Grecs prirent Troie, que la Triple Alliance subit en Italie un double siège des intérêts et de la conscience, qu'une légion de ces hommes, suivis, non pas seulement par une élite chez un peuple, mais encore par l'élite et par les instincts communs dans l'humanité entière, l'y combattent, Imbriani, Cavallotti, Diligenti, Canzio, H. Ferrari, les écrivains du glorieux *Secolo*. Ces hommes passionnent et ils fixent notre foi. Leur vaillance, leur fidélité à la Patrie, à eux-mêmes, aux ancêtres, leur évocation de la Révolution française, leur éloquence en font les chefs, les premiers missionnaires, les saint Paul de la Renaissance hélleno-latine.

Imbriani, au Parlement de Rome, est moins le député de Bari que le hérault d'une idée, qu'un éclaireur de la foule; il nous tient attentifs à sa grande maîtrise en la conduite politique, nous le saluons comme un précurseur dans la marche historique. A Paris, en 1889, ce patricien, toujours mêlé à notre peuple, épris des pierres mêmes de notre hôtel de ville, toutes pleines de notre histoire et comme y retrouvant ses dieux, nous l'entendîmes commenter avec son éloquence de feu nos Tables de 1789. Ce généreux Imbriani, en s'éloignant de Paris, y laissa une impression de sympathie, y imprima jusque sur nos tablettes du foyer des fidélités à sa personne et à son pays, qui en nous se lient à la fascinante et indélébile tradition de 1889; et aujourd'hui, ce grand Italien, qui nous était venu des hauteurs du plus noble idéal, nous apparaît, comme à une tribune des Apennins, versant à flots, sur l'Italie et sur le monde méditerranéen, des paroles de vie.

La Triple Alliance est une servitude, un pan du mur de l'Alsace-Lorraine tombé sur l'Italie et comme la deuxième rançon de la latinité à la Prusse.

Napoléon III fut capturé. Le roi Humbert, dont nous respectons la monarchie comme symbole de l'unité italienne, est-il plus libre? Le symbole est une langue variable et qui s'épuise, transformable comme toutes les langues. (Donnez la main au siècle pour l'accompagner en le modérant, a dit Chateaubriand, marchez-vous derrière lui, il vous emportera.) La Triple Alliance, ce Sedan de l'Italie, ne blesse pas les égoïstes et les pusillanimes, toujours disposés, comme des serfs, à se coucher le long du château. Elle blesse les patriotes en Italie, terre libre qui veut son indépendance garantie par elle-même, non par des potentats, maîtres.

*
* *

Réalisez l'union helleno-latine et, cette œuvre de ralliement accomplie, qui, en fait, embrassera toutes les nations libres, selon l'observation récente du *Secolo*, sans doute revenu, plus tôt que la *Ligue Lombarde*, de ses voyages aériens à travers la fraternité idéale, vous, les poètes, nos amis, amis de tous les hommes, vous reprendrez vos pinceaux pour peindre ou badigeonner la terre.

En un mot, travaillons à reconstituer la loi historique qui domine, ralliera à nous l'Allemagne latine elle-même, loi providentielle dans l'évolution humaine, perturbée par l'esprit le plus ténébreux, le plus dissonant, le plus borné de féodalisme de ce temps, M. de Bismarck, et, à sa suite, par un brouillon démocrate, ambitieux d'un rôle, planté aux portes des aristocraties, M. Crispi.

IMPRIMERIE CENTRALE DES CHEMINS DE FER — IMPRIMERIE CHAIX.
RUE BERGÈRE, 20, PARIS. — 16652-7-92. — (Encre Lorilleux.)

www.ingramcontent.com/pod-product-compliance
Lightning Source LLC
LaVergne TN
LVHW010412240826
846091LV00020B/3645
9782013370974